123
SESAME STREET
Explora los HÁBITATS de la SELVA TROPICAL con Abby
I0817285
Charlotte Reed
ediciones Lerner ◆ Mineápolis

¡Hay muchos hábitats que explorar!

En la serie Hábitats de Sesame Street®, los pequeños lectores recorrerán ocho hábitats. Únete a tus amigos de *Sesame Street* mientras aprenden sobre estos diferentes hábitats en los que los animales viven, duermen y encuentran agua y comida.

Saludos.
Los editores de Sesame Workshop

Contenido

¿QUÉ ES UN HÁBITAT?

¡Exploremos los hábitats! Un hábitat es un lugar en el que los animales viven y pueden encontrar agua, comida y un lugar para dormir. Una selva tropical es un tipo de hábitat.

¡En la selva tropical viven muchos animales diferentes!

Una selva tropical tiene muchos árboles y llueve mucho allí. Hay muchos, muchos tipos de plantas en la selva tropical.

¡Estos árboles son mucho más altos que yo!

OBSERVEMOS LOS HÁBITATS DE LA SELVA TROPICAL

En una selva tropical, con frecuencia las hojas de los árboles no dejan ver el sol. Esto hace que en el suelo de la selva haya sombra y haga calor. Los árboles y plantas más pequeños crecen en los lugares en los que la luz solar brilla entre las copas de los árboles.

Las plantas necesitan sol para crecer.

Este tucán vuela alto por encima de los árboles. Tiene un pico grande y colorido que le ayuda a elegir y comer frutas.

A mí también
encantarme
comer fruta.

Los lémures viven en los árboles de la selva tropical. La cola les ayuda a equilibrarse cuando saltan de un árbol a otro para encontrar frutas y hojas para comer.

¡Los lémures de cola
anillada comen hojas
de tamarindos!

Los perezosos pasan la mayor parte del tiempo en los árboles. Comen y duermen mientras se cuelgan de las ramas. Los perezosos se mueven con mucha lentitud en la tierra.

Algunos animales, como los okapis, viven sobre el suelo de la selva tropical. Los okapis son herbívoros. Eso significa que solo comen plantas.

Este oso hormiguero también vive en la selva tropical. Los osos hormigueros comen diferentes tipos de insectos, como hormigas y termitas.

La lengua del oso
hormiguero le ayuda
a comer insectos.

Algunos animales se mimetizan con los árboles y las plantas de la selva tropical. Esto se llama camuflaje.

¡El camuflaje hace que sea difícil ver a algunos animales!

Este jaguar está camuflado. Los jaguares tienen manchas que les ayudan a mimetizarse con los árboles y el pasto que les rodea.

¡Las mariposas morfo azul tienen alas azul brillante!

Cuando cierran las alas, la parte de abajo es de color marrón, lo que les ayuda a mimetizarse con la corteza de los árboles.

¡Las mariposas son hermosas!

¡Hay tantos animales interesantes en la selva tropical! ¿Cuál es tu favorito?

1. ¿Cuál de estas imágenes es de un hábitat de la selva tropical?

A

B

2. ¿Cuál de estos animales vive en un hábitat de la selva tropical?

Glosario

camuflarse: mimetizarse con el entorno

hábitat: un lugar en el que los animales viven y pueden encontrar agua, comida y un lugar para dormir

herbívoros: animales que solo comen plantas

pico: una parte de la boca de un ave

¿Puedes adivinar? Respuestas

1. A
2. A

Otros títulos

Peters, Katie. *Under the Rain Forest Canopy*. Mineápolis: Lerner Publications, 2020.

Reed, Charlotte. *Explora los hábitats de la pradera con Ji-Young*. Mineápolis: ediciones Lerner, 2026.

Sabelko, Rebecca. *Rain Forest Animals*. Mineápolis: Bellwether Media, 2023.

Créditos por las fotografías

Imágenes usadas: Ethan Daniels/Shutterstock, p. 1; SimonSkafar/Getty Images, p. 5; kiszon pascal/Getty Images, p. 6; Zairo/Shutterstock, p. 9; Fernando Calmon/Shutterstock, p. 10; Steve Taylor ARPS/Alamy, p. 11; blickwinkel/Alamy, p. 12; Zoonar GmbH/Alamy, p.13; kjorgen/Getty Images, p. 14; Gleb_Ivanov/Getty Images, p. 16; Juniors Bildarchiv GmbH/Alamy, p. 17; Pablo Rodriguez Merkel/Shutterstock, p. 18; David Havel/Alamy, p. 19; dennisvdw/Getty Images, pp. 20, 21; Theo Allofs/Getty Images, p. 23; Haitong Yu/Getty Images, p. 24; Maximilian Andre/Shutterstock, p. 25; Paul S. Wolf/Shutterstock (izquierda abajo), p. 26; agefotostock/Alamy (doble página), p. 26; Kung_Mangkorn/Getty Images, p. 27; Ian Beattle/Alamy (izquierda), p. 28; Bill Gorum/Alamy (derecha), p. 28; Joe Hendrickson/Getty Images (izquierda), p. 29; Andrew Lawlor/500px/Getty Images (derecha), p. 29. Portada: Zoonar GmbH/Alamy; Mats Lindberg/Alamy; Wild-Places/Getty Images; nodrama_llama/Shutterstock.

Índice

Dedicado a la familia Cole y los viajes, memorias y risas que compartimos.

La traducción al español fue realizada por Zab Translation.

ediciones Lerner
Una división de Lerner Publishing Group, Inc.
241 First Avenue North
Mineápolis, MN 55401, EE. UU.

Si desea averiguar acerca de niveles de lectura y para obtener más información, favor consultar este título en www.lernerbooks.com.

Fuente del texto del cuerpo principal: Mikado 24/41. Fuente proporcionada por HVD.

Library of Congress Cataloging-in-Publication Data

Names: Reed, Charlotte author
Title: Explora los hábitats de la selva tropical con Abby / Charlotte Reed.
Other titles: Explore rain forest habitats with Abby. Spanish
Description: Minneapolis : ediciones Lerner, 2026. | Series: Hábitats de Sesame Street | "Título original: Explore Rain Forest Habitats with Abby"—Title page verso. | Includes bibliographical references and index. | Audience: Ages 4–8 | Audience: Grades K–1 | Summary: "From the tops of the trees to the forest's floor, the rain forest is an amazing habitat. Learn more about rain forest animals with Abby and the rest of the friends from Sesame Street. Now in Spanish!"—Provided by publisher.
Identifiers: LCCN 2025015860 (print) | LCCN 2025015861 (ebook) | ISBN 9798765690222 library binding | ISBN 9798348028244 paperback | ISBN 9798765692240 epub
Subjects: LCSH: Rain forest animals—Habitations—Juvenile literature | Rain forest ecology—Juvenile literature
Classification: LCC QL112 .R44518 2026 (print) | LCC QL112 (ebook) | DDC 591.734—dc23/eng/20260605

LC record available at https://lccn.loc.gov/2025015860
LC ebook record available at https://lccn.loc.gov/2025015861

Fabricado en los Estados Unidos de América
1-1012586-54893-5/22/2025